P.-A. LAPIQUE

A PROPOS

DU

GOLFE DU TONKIN

IMPRIMERIE D'EXTRÊME-ORIENT

HANOI

—

1920

A PROPOS DU GOLFE DU TONKIN

Le grand port maritime actuel du Tonkin est Haiphong.

Placé sur le Cua cam, à l'intérieur des terres, à environ 18 milles de la côte, Haïphong possède une rade, d'environ 5 km. de longueur sur 250 m. de largeur moyenne entre fonds de (— 6.00).

Ce port est en communication, par des voies navigables que les bateaux d'un faible tirant d'eau, jonques et chaloupes à vapeur, peuvent facilement pratiquer, avec les régions de Hongay et Moncay, Phu-lang-thuong et Dap-cau, Haiduong, Hanoi et Thai-binh, Nam-dinh. Il est également relié par voie ferrée, depuis 1902 avec Haiduong et Hanoi et par suite avec le réseau des chemins de fer du Tonkin.

L'atterrissage des navires venant du large est commandé par le phare Norways, feu blanc à éclats d'une portée de 25 milles et par le phare de Hondau, feu fixe blanc visible à 20 milles. Le phare de Hondau est muni d'un poste sémaphorique et d'un poste télégraphique. A Hondau est également installée la station du pilotage.

Avant 1900, on accédait au port de Haiphong par le Cua Cam et exceptionnellement par le Cua-nam-trieu et le Vang-chau. A partir de 1900, après la création de la coupure de Dinh Vu, le Cua-nam-trieu est devenu la voie ordinaire d'accès au port de Haiphong. A cette époque, il n'y avait que des fonds de (— 3.50) sur la barre du Cua-nam-trieu et de (— 3.70) sur la barre intérieure du Cua cam, en amont de la coupure de Dinh-vu : l'accès du port était donc difficile aux bateaux calant plus de 6 m. et pendant les périodes de morte-eau les navires ne calant que 5 m. 00 à 5 m. 50 au maximum pouvaient seuls arriver à Haiphong.

Les travaux de dragages et d'endiguement exécutés depuis 1900 par le Service des Travaux Publics ont considérablement amélioré la situation.

La barre du Cua Nam Trieu est draguée chaque année à une cote variant de (— 6.00) à (— 6.30) de façon à assurer en tout temps des fonds minimum de (5.50). Le chenal du Cua-cam après avoir d'abord été amélioré par voie de dragages, a été endigué de 1912 à 1916, et présente maintenant des fonds minimum de (6.30).

Les marées ont à Haiphong, la même amplitude qu'à Doson, et se produisent environ 2 heures plus tard. Il n'y a qu'une marée par jour. En période de vive-eau le marnage atteint 3 m. 30. En morte-eau le niveau de la mer varie de (+ 1.80) à (+ 2.20) soit en moyenne (+ 2.00)

A l'heure actuelle les navires calant 7 m. 50 peuvent monter à Haiphong tous les jours ; en période de vive-eau le port reçoit des bateaux dont le tirant d'eau atteint 8.60 et 8.80.

Ainsi s'expriment les publications officielles au sujet de Haiphong.

De là à dire que le port de Haiphong constitue un idéal comme port de sortie des produits du Nord-Indochinois et de l'immense région ressortissante, il y a loin. Au contraire, seul il ne peut et ne pourra jamais répondre aux besoins du pays, il est dès maintenant et sera de plus en plus un empêchement à l'expansion normale de ces régions aux immenses possibilités. Il est indispensable, vu l'effort entrepris, que cet état de chose ne demeure pas, il faut donc que les opinions sur ce sujet pour ou contre, s'émettent et surtout s'étayent sur des faits.

Pour faire partager la notre, il nous faut faire l'historique du port de Haiphong et déterminer comment un point vaseux quelconque de delta est devenu le grand port tonkinois, sans que les circonstances aient permis de choisir. C'est en 1872 que le commandant SENEZ envoyé par le Gouverneur de Cochinchine, après avoir reconnu les bouches du Delta, remonta à Hanoi en baleinière par le Canal des Rapides, passant par Haiduong pour y rencontrer JEAN DUPUIS.

Le 23 octobre 1873 FRANCIS GARNIER arrivant au Cua Cam, monte en canot à vapeur à Haiduong, les jonques pour transporter sa faible expédition étant fournies par les dominicains espagnols.

BALNY, HARMAND et le C^t de TRENTINIAN prennent Haiduong le 4 Décembre 73. Mais le 21 du même mois GARNIER tombait à Hanoi.

Philastre est envoyé pour succéder à GARNIER ; il ne suit pas la même politique toute d'action de ses prédécesseurs, Haiduong, est abandonnée en janvier 1874 et les négociations entamées aboutissent au traité du 15 mars 1874 dont une des clauses contient l'ouverture au Commerce européen du port de Ninh-hai (actuellement Haiphong, qui à cette époque faisait partie de la province de Haiduong). Mais malgré les traités, la situation était intolérable ; des renforts conduits par le C^t RIVIERE arrivent et ce n'est que le 25 août 1883 que la paix fut signée, et le protectorat effectif de la France sur l'Annam et le Tonkin reconnu.

L'emplacement où se trouvaient les quelques cai-nhas qui composaient le hameau de Ninh-hai devint donc par la force des choses le point de débarquement de nos troupes, le centre administratif d'où partirent nos opérations, la résidence du représentant de la France.... De cette vase sortit cette Ville coquette, propre et d'un si bel avenir qu'est l'actuelle Haiphong (1).

---

(1) C'est à juste titre que M. Maspero, Résident-Maire de Haiphong, lors de la visite de l'Empereur d'Annam au Tonkin en mai 1918, put dans son discours de bienvenue à Haiphong s'exprimer en ces termes.

«Ici la France a tout créé. Rien n'existait, avant son arrivée, à l'emplacement où s'élève aujourd'hui le grand por du Tonkin.

«Sur la plus ancienne carte que nous en possédions (elle n'est pas bien vieille puisqu'elle date de 1874 seulement) on ne voit, en effet, qu'un fort, un poste de douane annamite, et, parsemés au milieu des marais où s'épandaient le Cua-cam et le Lach-tray à marée haute, quelques groupes de cabanes de pêcheurs. Dix ans plus tard, la seconde carte ne montre encore, auprès de la concession française, qu'un maigre embryon de marché, qui s'étire au long d'une digue en bordure des lagunes. Mais en 1887 l'aspect a changé ; l'activité française s'est manifestée dans sa clarté créatrice, et sur le sol déjà se dessine le tracé de la cité naissante. Depuis le labeur n'a pas cessé. Labeur ingrat tout d'abord ; la conquête du sol, canaux creusés pour écouler les eaux stagnantes, remblai patient des mares en chapelets. Et les maisons se dressent, chaque jour plus nombreuses, maisons blanches des premiers fonctionnaires, modestes magasins des premiers colons. Le, port s'aménage. Là où ne mouillaient que les jonques de mer aux voiles de nattes viennent jeter l'ancre des vapeurs au tonnage toujours croissant. Des docks se bâtissent, dont les toitures jumelées ne cesseront de se multiplier.

«C'est un port maintenant ; port fluvial, où la batellerie se presse chaque jour plus grouillante, port maritime où les paquebots trouvent désormais des aménagements de plus en plus perfectionnés. Les dragues enfin se mettent à l'œuvre, ouvrant un chenal aux léviathans de la mer, qui viennent dresser maintenant leurs ponts superposés au-dessus des plus hautes toitures des maisons.

«Cependant, aux premiers colons avaient succédé des industriels plus aventureux : un atelier de construction mécanique, puis deux, puis trois, font résonner la

Si l'effort fait est tout à fait digne de louange et atteste une fois de plus le génie français et les possibilités de toutes sortes du riche Tonkin, il n'en est pas moins vrai que l'emplacement n'a été nullement choisi, qu'il fut imposé par les circonstances.

Dès le début de notre installation, les défauts de Haiphong sont apparus clairement aux gens non prévenus, marins, ingénieurs hydrographes, administrateurs... mais le langage de la raison ne put se faire entendre et fut dominé par la voix des représentants de quelques intérêts privés locaux qui se croyaient menacés par l'abandon de Haiphong. (2)

---

ville du bruit clair des marteaux sur les tôles. Timides d'abord, ils se contentent de réparer les chaloupes qui passent, puis ils en construisent de toutes espèces. Leur outillage se perfectionne, leur puissance s'accroit, et ils parlent aujourd'hui de lancer des cargos de 2.000 tonneaux qui transporteront vers d'autres rivages les produits du Tonkin. Et, tandis que la ville étend orgueilleusement la ligne de ses quais et prolonge ses boulevards plus avant dans la campagne, d'autres industries se créent : la Cotonnière lance le bruissement laborieux de ses navettes, la Cimenterie érige ses cheminées toujours plus nombreuses qui déploient sur la ville le long voile flottant de ses fumées, des rizeries s'élèvent au long des berges, hier une verrerie, dont les fours rougeoyants, à la nuit, signalent l'entrée de notre cité, aujourd'hui, enfin, une usine à traiter les essences de parfums. La ruche bourdonne, elle bourdonnera bien plus encore etc...»

(2) Dans l'article nécrologique consacré à M. Marty lors de sa mort en déc. 1914, le *Courrier* de Haiphong s'exprimait ainsi :

« Pour nous M. A. R. Marty représentant l'ancêtre ; en 1886, lorsque les Haiphonais virent se liguer contre eux l'Administration civile, qui ne voulait pas de
« cette ville née de son propre effort, sans demander aucune aide à personne, et que
« l'ingénieur hydrographe, M Renaud, essayait de démontrer, sans convaincre per-
« sonne, que jamais le port d'Haiphong ne serait accessible aux grands navires, les
« habitants de notre cité comprirent la nécessité d'un journal pour défendre leurs
« intérêts menacés. En quelques jours une Société Anonyme se constituait sur
« l'initiative de M. Marty, quelques mois après, le Courrier d'Haiphong faisait pa-
« raître son premier numéro . . . »

Et fidèle à la ligne de conduite pour laquelle il avait été créé, ce journal défendit à outrance l'excellence du port de Haiphong.

Dès les débuts cette attitude se justifiait car les projets de déplacement du port consistaient à le reporter vers Quang-Yên ou comme seul avantage se trouve une rade plus large, mais avec la même barre, et sensiblement les mêmes difficultés d'accès que Haiphong. Et si à Haiphong à cette époque un effort fécond avait déjà été produit, à Quang-Yên au point de vue port tout était à faire.

Mais depuis au Tonkin comme partout l'évolution s'est produite, d'autres projets possibles ont vu le jour. Et les inconvénients que présentent le port de Haiphong n'ont fait qu'augmenter en raison directe de l'augmentation du tonnage et du tirant d'eau des navires qui le fréquente.

Rien que par des extraits pris dans le *Courrier*, défenseur des intérêts actuels mal compris de Haiphong, il est facile de voir tous ces inconvénients :

Haiphong est fort difficile d'accès, le *Courrier* le proclame en ces termes :

« ARRIVÉE DU *Paul Lecat*. — Dimanche matin à 7 h. 55 le bateau était en vue au phare de Hondau, et à 10 h 30 signalé : montant. Il arrivait à l'appontement

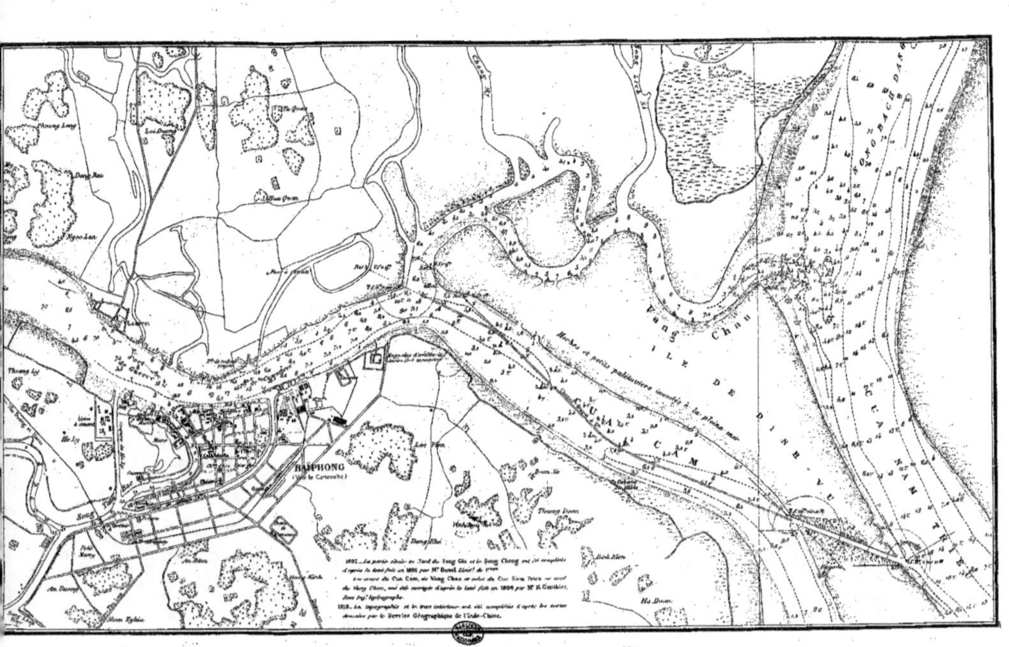

Les abords du port d'Hai-phong, d'après la carte marine n° 3306.

L'amélioration du port se poursuivit, l'agrandissement de la ville continua ; un programme de travaux est en cours qui fera de Haiphong une ville coloniale industrielle, commerciale et maritime de premier ordre. Et c'est très bien, il faut que l'effort se poursuive mais il ne faut pas se leurrer du fol espoir que Haiphong aura jamais assez d'eau pour recevoir autrement qu'exceptionnellement et non sans risques des unités de fort tonnage, par conséquent de fort tirant d'eau.

« à midi 1/2 et accostait magistralement piloté par M. Brunner, qui, malgré son « habileté n'avait pu éviter de le faire toucher plusieurs fois. Devant l'excellente décision des Messageries Maritimes, de faire relâcher toutes ses unités à Haiphong, « il est indispensable de prendre des dispositions, si l'on ne veut, un jour ou l'autre « avoir à déplorer un fâcheux accident. Les rayons de courbure du fleuve sont « trop faibles, les courants parfois très forts, et si l'Administration ne rémédie pas « à cet état de choses, il est certain qu'un bateau du tonnage du *Paul Lecat*, de « *l'André Lebon*, de *l'Athos* ou du *Porthos* sera irrémédiablement mis au plein »

Dans ce Golfe où il y a une seule marée par 24 heures le moindre retard à l'arrivée ou au départ fait manquer la pleine mer et perdre une demi journée même un jour entier, le *Courrier* le constate avec sérénité ; souventes fois dans ces colonnes on trouve des entrefilets de ce genre :

« *Le Courrier*. — Le *Porthos* arrivé ce matin à 7 heures à Hondau a dû y « attendre la marée. Il est monté vers 4 heures du soir. Les correspondances pour « Hanoi prendront ce soir le train de 7 h. 32 et seront dépouillées demain matin « dimanche à la première heure ».

« *Le Courrier*. — La *Manche*, qui devait partir ce matin à 6 heures, n'a pu « prendre la mer, car hier soir survint une avarie de chaudière. La réparation « était effectuée vendredi dans la matinée et le paquebot aurait pu partir aussitôt si « la marée avait été favorable. Mais, par suite du chargement complet qui faisait « caler trop au navire, celui-ci dût renvoyer son départ à demain matin samedi « 5 décembre à 6 heures »

Les travaux d'amélioration faits par les T.P. à grands renforts de crédits donnent des résultats... momentanés. Pendant les quelques semaines qui suivent la campagne de draguage, le chenal est dragué à 6 m.60 c'est-à-dire que théoriquement même à la plus basse mer il doit y avoir une profondeur d'au moins 6 m.50, et à la pleine mer de marée de vive eau 2 à 2 m.50 de plus. Mais rapidement les apports du Fleuve comblent cette fosse qui semble creusée tout exprès pour les recevoir.

Le *Courrier* triomphe donc, pendant quelques jours, puis il ne comprend pas pourquoi les gros vapeurs recommencent à s'obstiner à ne plus venir à Haiphong. Aussi un article s'impose-t-il et en gros caractères dans le numéro du 30 mars 1918, nous trouvons les lignes suivantes sous le titre :

LES TRAVAUX DU PORT DE HAIPHONG

« Les derniers sondages effectués sur la barre du Cua-Cam ont permis de cons-« tater que, dans la partie du Fleuve comprise entre le port proprement dit et la « coupure de DINH-VU, les fonds s'approfondissent naturellement, grâce aux enro-« chements et aux épis, depuis quatre ou cinq ans. Les résultats obtenus dans cette « section du fleuve sont absolument remarquables et l'on est en droit d'espérer « qu'ils sont définitivement acquis.

« Quant à la barre du Cua-Nam-Triêu, qui a été draguée, au cours de la der-« nière campagne à la côte — 6, 50, sa tenue est très satisfaisante pour le moment

En ce qui concerne Haiphong, nous ne pouvons donc que nous féliciter des progrès réalisés mais en même temps reconnaissons qu'il est impossible d'aller contre des phénomènes naturels comme la

---

« en sorte que, même en morte-eau, les navires y trouvent au moins 8 m. 50 d'eau
« à tout moment de la journée. Comme les plus grands ne calent guère plus de 7m.30
« à 7 m. 50, à leur passage dans notre port ils sont donc assurés de pouvoir entrer
« et sortir sans retard en tout temps.

« En somme de l'avis des gens compétents, le port ne s'est jamais trouvé en de
« meilleures conditions d'accès qu'aujourd'hui. Et si au cours de ces derniers mois,
« quelques courriers ont fait escale en Baie d'Along, ce n'est pas en raison des
« difficultés qu'ils eussent éprouvées à monter à Haiphong, mais bien parce que
« leurs opérations en étaient facilitées. Il n'est pas inutile de refaire ces constata-
« tions et de montrer ainsi une fois de plus combien sont aventurées les alléga-
« tions sur les difficultés de l'entrée de Haiphong auxquelles on semble vouloir don-
« ner un regain depuis quelque temps. Il est urgent de couper les ailes à ces canards ».

Ainsi malgré les compétences du *Courrier* qui estimaient que le port ne s'est jamais trouvé en de meilleures conditions, les Agents des Cies, les Commandants de navires de guerre, de paquebots estiment que l'escale en Baie d'Along s'impose.

Alors le *Courrier* sort une fois de plus l'argument définitif, la « vague d'assaut » qui doit balayer tous ces gens qui par simple esprit de contradiction ne veulent pas admettre, ayant la preuve du contraire, que Haiphong a été est et surtout restera le meilleur, le seul, l'unique port du Golfe du Tonkin.

Et maintes fois on a pu lire dans cette estimable et entêtée publication les lignes suivantes plus ou moins délayées :

« Si on devait tenir compte des désirs de tous ceux qui demandent aujourd'hui
« le déplacement du port actuel du Tonkin pour le reporter en un autre point, il
« faudrait convenir que les ingénieurs, les officiers de marine, les administrateurs-
« les membres de la Chambre de commerce, les gouverneurs généraux qui se sont suc-
« cédés ici depuis la création de Haiphong, sont tous des ignorants, des incapables ».

Nous continuons à abonder dans le sens du « *Courrier* » quand il constate qu'ils commencent à être nombreux « tous ceux qui demandent non pas le déplace ment du port actuel, mais son complément puisqu'il est prouvé qu'Haiphong seul est incapable de remplir le rôle qui lui est dévolu. Par contre nous nous inscrivons en faux quand il range parmi les défenseurs des idées de Courrier au sujet du port de Haiphong, les ingénieurs, les officiers de marine, les administrateurs, les gou- verneurs généraux qui se sont succédés au Tonkin, tout en m'inclinant au sujet des Membres de la Chambre de Commerce qui certes, en majorité ont partagé ou par- tagent l'opinion de ce journal et si pour les uns, c'est par ignorance, pour d'autres ce n'est pas par incapacité mais parce qu'ils croiraient certains de leurs intérêts compromis si quoi que ce soit était changé à l'état de choses existant.

Eux-mêmes sont ils bien convaincus... ou alors que doivent-ils penser en séance quand lecture leur est donnée de communications de ce genre :

ACCÈS DU PORT
D'HAIPHONG

—

Haiphong, 3 le février 1919.

Monsieur le Président
de la Chambre de Commerce.

« Monsieur,

« J'ai l'honneur de vous informer que par suite du manque d'eau sur les barres
« du Cua-Cam et du Cua-Nam-Triêu notre navire Annam, arrivé le 27 janvier, ne

formation d'un delta. Les montagnes du Haut Tonkin et surtout du Yunnan complètement déboisées descendent et continueront à descendre en saison des pluies sous forme de boues par le fleuve Rouge, les

---

« pourra pas partir de Haiphong avant le 6 février, ayant séjourné onze jours
« pour embarquer seulement 2.300 tonnes,

« Je me permets d'attirer votre attention sur les inconvénients de cette situation
« car, outre qu'elle est préjudiciable aux intérêts des armateurs, il ne faut pas
« oublier qu'à partir de juillet 1914 nos nouvelles unités *Athos*, *Porthos*, etc.
« doivent fréquenter régulièrement le port d'Haiphong, assurant le service postal
« direct entre Marseille et le Tonkin ; ma Compagnie sera donc tenue à des itiné-
« raires fixes qu'il lui sera matériellement impossible de suivre par suite des défauts
« du port. Il n'est pas douteux, alors, que ses navires devant partir à date déter-
« minée, se verront dans l'obligation de faire leurs opérations en baie d'Along.

L'Agent général des Messageries maritimes,
Signé : MAURICE.

Ceci au sujet de l'entrée, mais cette même Chambre de Commerce déclare dans ses publications :

« Les postes d'amarrage devant les appontements des docks sont entretenus à la
« côte — 8 m. 00. Ces appontements peuvent recevoir 4 navires de dimensions
« ordinaires... »

Elle subit une sévère contradiction quand elle reçoit en communication la lettre suivante adressée au Chef du Service de la Navigation (Procès-verbal de la 386e séance, d'avril 1914).

« Monsieur,

« J'ai l'honneur de venir vous signaler les difficultés que nous rencontrons en ce
« moment pour trouver des postes d'amarrage aux navires attendus *Orénoque*
« *El Kantara et Meinam*.

« Théoriquement le front d'accostage des appontements doit offrir quatre postes,
« permettant l'amarrage de quatre navires, que je désignerai à partir de l'extré-
« mité aval par les numéros 1, 2, 3 et 4.

« Or voici quelle est actuellement la situation.

« Le poste en aval no 1, où se trouve la *Manche*, ne comporte que 5 mètres
« d'eau à marée basse, d'où impossibilité d'y mettre le *Meinam* ainsi que la
« Direction du port l'avait indiqué.

« Le poste suivant, c'est-à-dire le no 2, se trouve en réfection, on ne peut y
« mettre aucun navire.

« Je me permets d'attirer votre attention, etc... »

L'Agent des Messageries maritimes,
Signé : BERTRAND.

Ces documents datent de quelques temps, actuellement les mêmes faits se repro-duisent pour la même cause : les apports constants du fleuve qui ont envasé, enva-sent et envaseront toujours le port.

En fin 1919 et commencement de 1920, vu le manque de vapeurs annexes assurant le service de la ligne Saigon-Tonkin, tous les paquebots des Messageries

millions de mètres cubes qu'il nous apporte chaque jour continueront à augmenter le Delta, à combler les chenaux. Nos petits fils sans aucun doute verront planter des rizières devant Doson, la plage Haiphonnaise.

---

maritimes et du transit maritime ont instructions de toucher au Tonkin au lieu d'aller directement de Saigon en Chine. Durant quelques mois les grands paquebots font escales au mouillage de la Noix en baie d'Along évitant Haiphong, toujours pour les mêmes raisons que précédemment : perte de temps considérable en attendant la montée de l'eau, dangereuses et longues manœuvres dans la rivière ou le port, risques constants pour des unités importantes dans les chenaux étroits, trop peu profonds aux courants violents, etc... mais alors protestations des Chambres de Commerce, c'est, disent-elles, le boycottage de Haiphong, campagne de Presse, interventions auprès du Gouverneur général, cables au Ministre... Une fois de plus satisfaction est donnée à l'opinion publique qui s'est agitée une fois de plus sans vouloir envisager le vrai côté de la question. Les grands paquebots reçoivent des Autorités supérieures instructions d'abandonner l'escale en Baie d'Along et de monter à Haiphong chaque fois que ce ne sera pas absolument impossible.

A nouveau les pertes de temps s'accumulent pour les paquebots à un moment où il n'y a pas une minute à leur faire perdre ; par hasard plusieurs grands navires doivent être au port en même temps, on constate comme en février 1920 que le *Sharnorst* et le *Java* étant aux appontements, le *Sobral* doit attendre le départ de l'un d'eux pour pouvoir y accoster. Il reste au mouillage plusieurs jours dans le Cua-Nam Triêu au delà de la coupure de Dinh-Vu, à quelques 3 milles de Haiphong qu'il est impossible pour lui d'approcher de plus près parce que deux gros navires sont dans le port.

Depuis, le service des annexes de Saigon au Tonkin étant repris, la plupart des paquebots ont continué l'ancien service d'avant guerre Saigon-Hongkong sans toucher le Tonkin.

A vrai dire depuis sa création, ce port fut souvent discuté ; sous le gouvernement de M. de Lanessan, il y eut déjà un projet du déplacement du port. Il fut non seulement élaboré mais prêt à être mis à exécution lorsque M. Armand Rousseau était Gouverneur avec offre d'indemnité aux propriétaires Haiphonais et concession gratuite sur le nouvel emplacement de terrains de superficie égale à celle possédée à Haiphong.

Dans ses *Souvenirs* sur l'Indochine française, datés de 1905, voici comment s'exprime M. le Gouverneur Général Paul Doumer relatant sa première arrivée au Tonkin. Le croiseur l'Isly l'avait amené en Baie d'Along et de là sur une chaloupe, il se rendait à Haiphong :

« Le temps ainsi passé a permis à nos chaloupes de sortir de l'extraordinaire dédale des rochers de la Baie d'Along et d'emprunter les canaux creusés naturellement et les rivières qui conduisent à Haiphong. Peu de temps avant d'y arriver, nous traversons un large et beau cours d'eau auquel sa surface agitée donne l'allure d'une petite mer, c'est le Cua-Nam-Triêu, il est superbe à voir, et il est profond. C'est là qu'on aurait dû créer le port qu'on a mis sottement à Haiphong, me dit-on.

— C'est là qu'il faudrait encore le transporter ajoute un autre.

Et un troisième de conclure :

— Si c'est une faute qu'on a commise en plaçant le port où il est et si c'est une autre faute que de persister dans l'erreur première et de dépenser des millions encore aujourd'hui à Haiphong, il est à croire qu'un avenir lointain ne sera pas

Les Travaux Publics inlassablement dépenseront chaque six mois le million qui leur est alloué pour gratter la barre avec les godets de leurs dragues ; deux fois par an il leur faudra recommencer, on pourra doubler, tripler les crédits, jamais ils n'arriveront à faire de Haiphong le port en eau profonde indispensable où à toute heure de jour et de nuit, sans tenir compte, des marées les grands cargos modernes pourront entrer ou sortir à morte charge.

Et c'est cela qu'il faut. Non seulement pour le Tonkin, le Nord Annam, le Haut Laos et les provinces chinoises voisines qui dépendent ou plutôt dépendront du Golfe du Tonkin dès qu'il sera organisé, mais il le faut aussi et surtout pour la prospérité, l'avenir même de Haïphong. C'est une minorité dès maintenant dans ce port qui continue à suivre cette politique de l'autruche consistant à fermer les yeux pour ne point voir un danger réel par routine et inconscience de réalités des plus évidentes. C'est, en effet, nier l'évidence que de vouloir se persuader que Haiphong pourra recevoir normalement les grands cargos calant de 8 à 10... mètres, les seuls qui pourront avoir des tarifs bas permettant de sortir tant de produits qui constituent des frêts pauvres, minerai charbon, bois, etc... Haiphong restera le bon port de cabotage et de chalandage qu'il peut être, il verra son trafic décupler, sa prospérité augmenter d'autant quand il aura le port en eau profonde qu'il lui

---

appelé à nous juger. Au dire des Indigènes qui connaissent leur pays, la ville de Haiphong et tous nos travaux sont appelés à être emportes par un raz de marée.

— C'est malheureusement une éventualité à craindre. J'avais entendu depuis longtemps en France exprimer les mêmes critiques sur la position de Haiphong que nous avions choisie, sans beaucoup d'études en 1874, et parler des éventualités de sa destruction. Cela ne rendait pas plus aisé la solution du problème de la création au Tonkin d'un port facilement accessible. M. Armand Rousseau s'y était attaché et le programme cependant bien modeste qu'il avait adopté ne le satisfaisait pas, lui laissait des doutes sur la voie même dans laquelle il s'engageait. Dire que le spectacle de l'erreur commise ne saurait subsister longtemps et qu'il serait couvert par un désastre, cela peut aller comme boutade, ce n'est pas un argument dont on puisse tenir compte.

« Si le port était dans le Cua-Nam-Triêu que j'admirais à ce moment où s'il, « devait y être transporté aurait-on la bonne solution qu'on recherchait ? Cela « n'était par certain car l'examen de la carte marine révélait que le Fleuve avait « assez d'eau en certains endroits, mais pas partout, et que précisément il man- « quait de profondeur au point où cela lui était le plus nécessaire, à son embou- « chure ».

Donc si l'opinion désintéressée, dès cette époque, condamnait Haiphong en tant qu'unique port du Tonkin, la solution envisagée pour obvier à ses inconvénients ne pouvait donner satisfaction. Une autre solution ne fut pas recherchée, les délais s'ajoutèrent aux délais, la cohésion de petits intérêts eut une fois de plus raison de l'intérêt général de la colonie pour lequel l'administration n'insista pas assez ou fut insuffisamment documenté pour le défendre avec efficacité.

faut. Est-ce que St Nazaire a détruit Nantes, le Havre, Rouen : ce sont
là ce qu'on appelle des ports conjugués ayant chacun une vie propre,
mais ne pouvant se passer l'un de l'autre. Quand Hambourg, cette
merveille d'organisation en tant que port, eut été créée, n'a-t-il pas fallu
compléter par le port en eau profonde de Cuxhaven ; Bordeaux ne
demande-t-il pas que son port annexe soit créé au Verdon, plus près de
nous Shanghai n'a-t-il pas Woo-Sung, et Bangkok Ko-Si-Chan ?

Mais même en France le régime de méfiance a existé, comme il
existe actuellement entre Haiphong et son futur port en eau profonde
qui sera créé fatalement tôt ou tard. En effet, on lit dans le Bulletin de
la Sté de Géographie commerciale de mars 1916 l'entrefilet suivant à
propos de NANTES ET SAINT NAZAIRE :

« Ces deux ports, reconnaissant enfin leur communauté d'inté-
« rêts, ont conclu un véritable pacte d'alliance qui leur portera
« bonheur à tous deux. L'ouverture du canal maritime entre ces deux
« villes a été un grand progrès pour Nantes dont le trafic a plus
« que doublé, des industries nouvelles étant venues s'établir
« dans la région. L'accroissement énorme du port de Nantes n'a pas
« déprimé celui de Saint Nazaire comme on l'avait craint. Ils for-
« ment deux ports conjugués, deux centres se complétant l'un l'autre
« et n'ayant entre eux d'autre rivalité que celle de développer
« leurs moyens d'action pour lutter plus efficacement contre les
« concurrents étrangers... »

Privilégiés comme nous le sommes au Tonkin, ce port annexe en
eau profonde existe, presque sans aucun frais, il est possible d'en faire
l'essai, ou plutôt l'essai ene st fait déjà. Ce n'est pas la création de
toutes pièces d'un port à Quang-yen, qui est presque exactement dans
la même situation que Haiphong, au point de vue de la barre à passer
et des chenaux à prendre ; et ce n'est pas la rade de Hongay au fond
de la Baie d'Along, qui présente bien une fosse profonde assez spacieuse
mais qui permet aux cargos de venir prendre charge aux Charbonnages,
et qui pour être pratiquement utilisée, demanderait le creusement et
l'entretien d'un chenal d'au moins 3 milles de long, par des fonds
n'ayant que 2 à 3 mètres d'eau.

La rade que nous préconisons, serait celle du Crapaud dans le Nord-
Est du Massif de la Cac-ba, où une vingtaine de grands vapeurs pourront s'amarrer à la fois sur une série de corps morts par des fonds d'au
moins 18 mètres à marée basse. La passe profonde qui y conduit ne
comporte aucune difficulté une fois le feu des Norways reconnu : sans

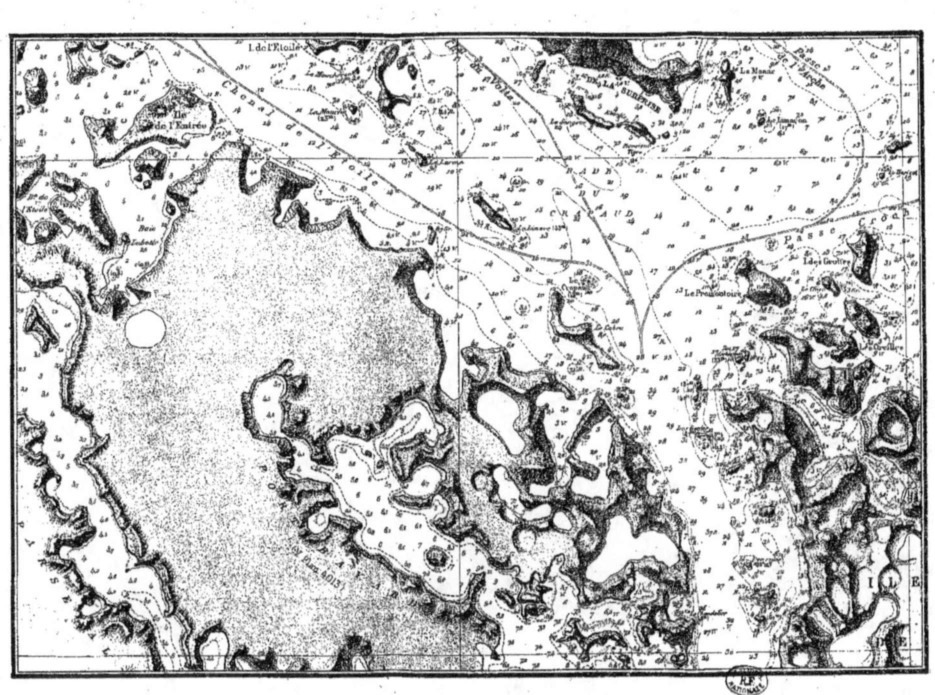

Le futur port en eau profonde : la rade du Crapaud, d'après la carte marine n° 5485.

hésitation tout capitaine qui y sera entré une fois pourra y arriver de jour ou de nuit, même sans pilote, quand un ou deux amers ou, feux seront installés. Celà a une importance pour un vapeur de pouvoir être à son poste de chargement cinq heures plutôt que d'être amarré à quai à Haiphong, sans avoir eu à tenir compte de l'heure, de la marée, qui parfois peut faire perdre jusqu'à 18 heures.

Le Golfe du Tonkin n'a, en effet, qu'une marée par jour, et un vapeur peut être forcé d'attendre plusieurs jours, les marées de vive eau pour sortir une fois chargé.

A la mer, impossible de se rendre maître du temps ou des distances, mais dans les ports il faut s'organiser pour y faire passer le moins d'heures possible au vapeur.

Actuellement les cargos modernes les plus économiques sont ceux du type des 10 à 11.000 tonnes calant environ 10 mètres. Grâce à leurs nombreux treuils et panneaux, ils peuvent arriver à charger ou décharger jusqu'à 100 tonnes à l'heure, en ayant le nombre de chalands voulu de chaque bord.

Dans ce nouveau port les vapeurs n'effectueraient donc, au début tout au moins, qu'une escale en rade. Pour être complet, un port doit avoir une rade, c'est un organe précieux, indispensable dans bien des circonstances, notamment pour servir aux opérations des escales rapides qui permettent d'éviter des pertes de temps aux vapeurs, et par conséquent d'obtenir des tarifs de frêt bas.

Sans doute le principe de la concentration en un même point de toutes les ressources maritimes et commerciales d'une région est excellent ; mais il ne semble pas devoir être appliqué à la navigation d'escale. Une rade qui n'a que des installations insuffisantes, mais qui est placée dans de bonnes conditions nautiques et géographiques, est, au point de vue envisagé, très préférable à un grand port commercial bien outillé. A cet égard, l'expérience acquise est décisive. Dans la Manche, la rade de Cherbourg mal aménagée, et celle de Boulogne insuffisamment abritée, sont devenues des points d'escale importants, bien qu'elles soient à proximité de grandes places commerciales, comme le Havre et Dunkerque.

Un port de rivière doit de toutes nécessités posséder une rade, surtout lorsque, comme Haiphong, ses chenaux sont sujets à envasements rapides et quand il n'existe qu'une marée par vingt-quatre heures.

En fait, le mouillage de la Noix en Baie d'Along où font escale tous les vapeurs, paquebots, transports, navires de guerre qui, vu leur tirant d'eau ne peuvent monter à Haiphong représente dans les conditions actuelles la rade de Haiphong. Cette rade avait été utilisée par l'Amiral

Courbet pour y mouiller sa flotte lors de la conquête ; le besoin d'un point de relache en eau profonde s'imposant à Haiphong, sans que, semble-t-il, les moindres recherches ou améliorations soient faites, sans voir nulle organisation quelconque entreprise, les vapeurs continuèrent à aller à l'endroit indiqué par leurs prédécesseurs.

Les opérations à y faire sont donc plus compliquées, non seulement par cet état de choses, mais aussi par les méthodes qui peuvent être qualifiées d'obstruction de certains Haiphonais ; par exemple, au commencement de 1920, l'Entrepreneur des Docks de Haiphong qui à en quelque sorte le monopole de ce genre d'affaires tarifait cinq piastres par tonne le déchargement et le gabarrage des marchandises destinées à Haiphong passant par la Baie d'Along.

Comme termes de comparaison pour une distance sensiblement la même, les charbonnages de Hongay pour le transport de la Mine à Haiphong d'une tonne de charbon payent 0 \$ 50. Ces exigences des Docks de Haiphong étaient rendues d'autant plus lourdes par le change extravagant de la piastre qui atteignait à ce moment 15 à 16 francs, c'est à dire que pour le gabarrage au Tonkin, pour une distance d'environ 30 milles, les marchandises devaient supporter de 75 à 80 francs de plus par tonne, plus que ce qui était payé comme frêt du Tonkin en France avant la Guerre. Excellent moyen d'émouvoir l'opinion publique sur ce qui était qualifié de « Boycottage de Haiphong ». Ces procédés ne résolvent pas malgré tout les difficultés qui obligent les vapeurs à éviter Haiphong pour la seule raison qu'il manque d'eau, élément généralement jugé indispensable à un port pourtant.

En tant que rade, celle du Crapaud mieux située à plusieurs points de vue que celle de la Noix, ne nécessisterait comme organisation pour les débuts, que quelques corps morts mouillés judicieusement ; sur l'un d'eux pourrait s'amarrer à demeure un ponton, ancien navire delesté de ses chaudières et machines, ayant conservé 2 mâts pour l'installation de la T. S. F. A bord serait le bureau pour l'officier du port pour les douaniers, pour le médecin arraisonneur, etc.., dans les faux ponts quelques cabines qui permettront l'attente aux passagers, et un séjour aux touristes voulant connaître, à peu de frais, les merveilles de la Baie d'Along, dans les cales des Water-ballasts contenant de l'eau douce ou frigorifique, etc... Comme autre outillage il suffirait en plus, d'une ou deux citernes, d'un ponton grue, du nombre de chalands et remorqueurs voulu.

Une grosse partie de ce matériel, qui dans les débuts n'aurait peu être pas son plein rendement, rien que pour le port d'escale pourrait s'employer sur la côte, car à mon sens le chalandage de Donghoi (sur la côte d'Annam) à Pakhoi en Chine, peut être même jusqu'à Hainan, est à envisager.

Puis l'expérience étant probante, avec une immobilisation minimum de capitaux durant cette expérience, au bout de quelques temps rien n'empêchera de bâtir des Entrepôts sur les masses calcaires qui bordent ce port magnifique et qui avec les arrangements voulus formeront des murs de quais d'une résistance à toute épreuve, à pic sur des fonds très suffisants.

Plus tard rien n'empêchera non plus de rejoindre le port à Haiphong et Hanoi par une voie ferrée les compétences consultées ont été unanimées sur ce point. Les difficultés seront moindres et moins coûteuses que celles résolues dans la construction du pont Doumer à Hanoi, dans la vallée du Nam-ti ou du Pa-ta-ho sur la ligne du Yunnan.

En mars 1918 j'ai eu l'occasion de soumettre mes idées à ce sujet au crible d'une critique très serrée durant une excursion en Baie d'Along où se trouvaient M. de Rhéville, Ingénieur spécialisé dans l'organisation des Ports. M. Chenet, attaché commercial en Chine, Messieurs les Ingénieurs Jeancard, Boulinier, Brenier, et M. Domenach de la Mission Jeancard etc..., j'ai eu la satisfaction après avoir été sur la sellette de longs quarts d'heure de voir ces messieurs adopter mes conclusions, j'en veux pour preuve cet extrait du rapport de la Mission Jeancard :

« Quelles que soient les opérations que l'on envisage, commerciales
« ou industrielles, d'import ou d'export, leur réussite est subordon-
« née à la bonne organisation des transports par mer. Sauf avec le
« Yunnan, le Tonkin ne communique que par eau avec les autres
« pays du monde et même avec ses voisins immédiats, la Chine du
« Sud et le Siam ».

Le port actuel du Tonkin, Haiphong, est voué à un envasement
plus ou moins rapide (rapport de M. l'Ingénieur en chef Lefebvre
Bulletin Économique No 96, 1912). Ses fonds ne permettent pas de
recevoir les unités de fort tonnage qui tendent à être seules em-
ployées pour le long cours.

Nous avons étudié les cartes hydrographiques et fait une visite sur
les lieux, en compagnie de M. de Rhéville. Ingénieur, spécialiste en
matière de port, appelé en Extrême-Orient par M. le Gouverneur de
l'Indochine, dans le but d'étudier les conditions d'établissement
d'un port en eau profonde. M. le Capitaine au long cours Lapicque,
qui a longtemps pratiqué les mers de Chine et utilisé dans la Baie
d'Along le port Parseval, nous accompagnait également.

Nous nous sommes rendus compte que des mouillages, situés dans la rade du Crapaud, à proximité de la Baie d'Along, répondaient aux conditions recherchées ; accès facile par tous les temps, fonds favorables, abri sûr, même par typhon grâce aux rochers et collines de calcaires qui la protègent de tous côtés.

Les opérations de chargement et de déchargement sur allèges chalands ou sampans se feront facilement et en toute sécurité dans cette rade dont l'aménagement consistera, au début, en l'installation de corps morts, de quelques constructions pour les services généraux du port, en allèges, chalands et remorqueurs.

Ni quai, ni appareils, ce n'est que plus tard, au fur et à mesures de l'accroissement du tonnage et des besoins, qu'un outillage plus développé sera créé.

Ce port sera essentiellement un lieu d'échanges rapides reliés par chaloupes et chalands à Haiphong, aux usines et aux mines par le réseau fluvial. Il complètera Haiphong, qu'évitent actuellement les navires de fort tonnage et ne nuira en rien au développement de cette ville, dont il sera l'annexe en eau profonde.

Quand l'importance du trafic le justifiera, le port en eau profonde devra être relié par la voie ferrée au réseau indochinois.

Cette rade est à une dizaine de milles des Charbonnages de Hongay, à trente trois milles de Haiphong soit par les chenaux intérieurs, soit par le large ; à 25 de Kébao où Marcel Pierron avait conçu l'organisation d'une ville industrielle complète ; en face de l'île aux Buissons où l'Ingénieur Bernard, le Représentant de la Société de l'Air liquide voulait installer de puissantes usines ; à vingt milles de Quang-yên ou la Mission Jeancard pour la Société générale d'Extrême-Orient décida d'installer son usine à traiter les minerais de zinc, des hauts fourneaux, etc... plus près que Haiphong du Massif du Dong-triêu dont les gisements d'anthracite se révèlent chaque année plus puissants.

Haiphong et sa rade doivent servir de débouché non seulement au Delta Tonkinois, aux régions boisées si richement minéralisées du Haut Tonkin, au Nord Annam, clef du Laos, car le Haut Mékong est depuis cette année à trois jours de route du Golfe du Tonkin, mais on semble oublier par trop que nous avons du Mékong à Moncay 2 300 kilomètres de frontières communes avec la Chine. C'est donc les produits d'export et d'import, d'une partie du Kwangtung, du Kwang-Si presque en totalité, si nous y avions un rail, du Yunnan tout entier, et aussi du Se-Tchuen et du Kwei-Tcheou que nous pouvons, que nous devons drainer vers notre port dès qu'il existera.

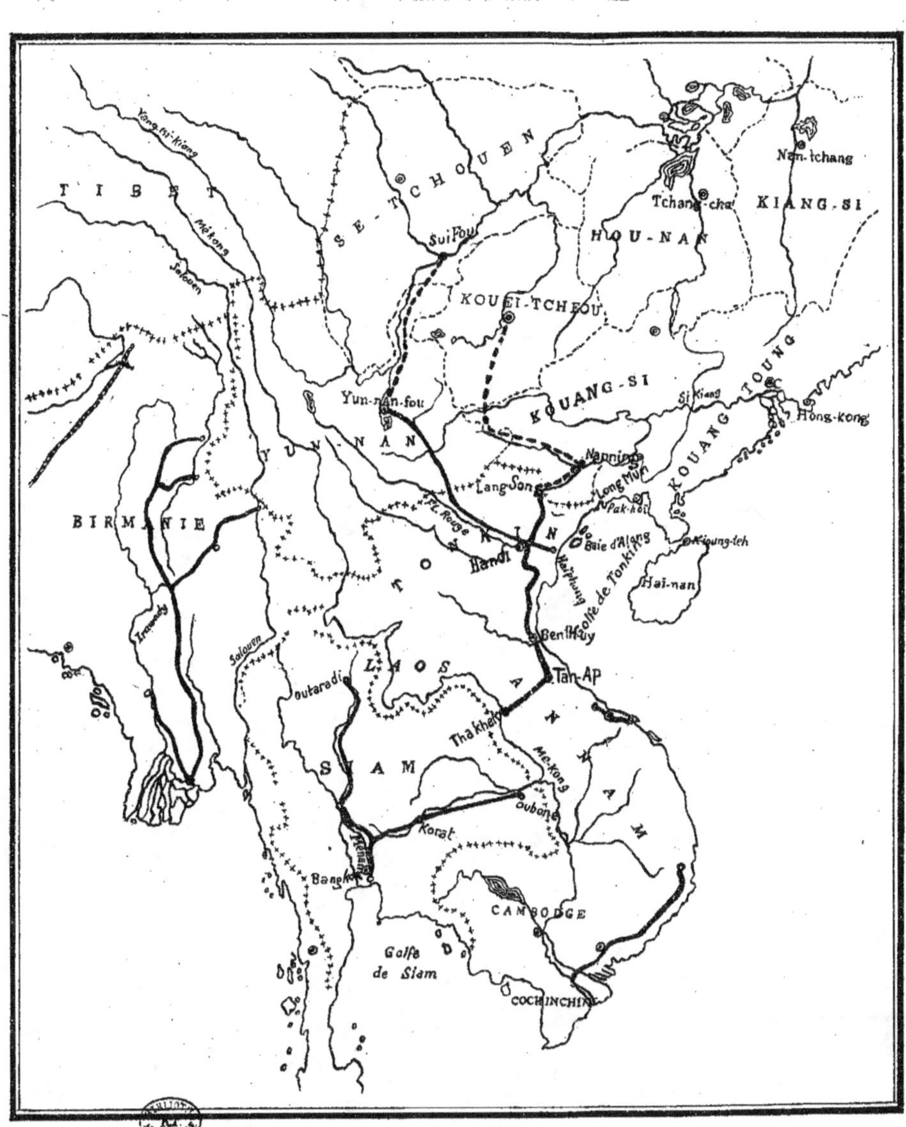

L'extension du réseau ferré Indochinois.

Le rail français va jusqu'à Yunnanfou, il doit être continué : la concession en a été obtenu par la Banque Industrielle de Chine jusqu'à Sui-Fou sur le Yang-Tsé, avec un embranchement sur Tchong-King et un autre sur Tchentou, rejoignant à ce point la ligne concédée à un Syndicat Franco-Belge, qui doit atteindre Tatung en Mongolie. Conçoit-on ce que cela peut représenter comme trafic quand le rail, qui en Chine plus que partout ailleurs encore éveille la vie, permettra d'augmenter le rendement de ces fourmilières humaines : les 65 millions d'habitants du Se Tchuen ne sont reliés à l'extérieur que par le Yang-Tzé dont il faut, pour atteindre la mer à Shanghai, suivre le cours sur près de 3.000 kilomètres dont plus de 1.500 parsemés de rapides dangereux qui interrompent le trafic pendant plusieurs mois de la saison sèche.

Le Yunnan, le Kwouei Tcheou, le Kwang-Si sont parmi les provinces les moins peuplées de la Chine. Cependant, nous savons que pour le trafic du Chemin de Fer au Yunnan les estimations les plus optimistes ont été dépassées malgré une politique économique qui semble n'être pas exempt de critique et l'existence d'un contrat entre l'Administration française et la Cte qui est loin de faciliter les initiatives et les profits de cette dernière.

Notre chemin de fer de Hanoi à Langson s'arrête exactement à la frontière chinoise. Cependant la Cte française de Fives Lille était concessionnaire il y a quelques vingt ans d'un chemin de fer de pénétration au Kwang-Si. Son effort s'est borné à construire bureaux et habitations pour son personnel à Long Tchéou, personnel qui n'occupa même point ces logements. Cependant, si de Lang-son, le rail français était continué par Long Tchéou et Nanning sur Kouei Yang, centre et capitale du Kouei Tchéou ou sur un point plus à l'Est vers le Hounan, c'eut été un bon apport pour notre Golfe du Tonkin et celà eut probablement évité ces projets des chemins de fer chinois venant de Changsha, Packing et Kweiling ou de Kouei Yang, Pesé et Nanning aboutissant tous deux à Long Mun dans le Golfe du Tonkin près de Pakhoi où la possibilité de créer un port existe. Encore que cet emplacement soit moins indiqué que dans la Baie d'Along pour établir un grand port, c'est en tous cas certainement supérieur comme possibilités à Haiphong privé de son annexe en eau profonde.

Il serait déplorable de notre part de nous laisser devancer dans ce Golfe du Tonkin dans l'organisation du port en eau profonde qui lui est indispensable, qu'il aura donc tôt ou tard et qu'il serait désastreux pour nous de voir installer en dehors de notre Colonie.

L'ancien Gouverneur de l'Indochine, M. SARRAUT, actuellement Ministre des Colonies dans un discours d'ensemble prononcé au Sénat en mars dernier au moment où il répartissait les millions nécessaires, à son avis, pour organiser les ports de toutes les Colonies Françaises s'exprimait ainsi :

« *En Indochine deux grands ports Saigon et Haiphong. Pour ce* « *dernier, débouché de la région minière et de la production chaque* « *jour accrue du Tonkin agricole, j'ai fait faire une étude complète* « *des travaux qui comportent une dépense totale d'une quarantaine* « *de millions... »*

Les résultats de cette étude complète n'ont jamais été publiés, ou du moins ne sont jamais arrivés à la connaissance du public, des corps constitués ou des délégués au Conseil supérieur etc... ; Peut-être la publication de ces résultats est-elle récente et n'a pu être communiquée en dehors de la Métropole.

Pour cette étude notre ancien Gouverneur aurait fait appel à la compétence de spécialistes, mais ces spécialistes appartenant à de grandes entreprises ont-ils pu donner un avis parfaitement désintéressé, je ne le crois pas.

M. SARRAUT, leur a exposé les plaintes de Haiphong et du Tonkin au sujet de l'envasement du Port... ces spécialistes se sont mis à l'étude... A en croire les échos, ils auraient conclu : les chenaux ne sont pas assez profonds, il suffit de les creuser ; ils sont trop tortueux, nous en ferons d'autres tout droits. Et si les crédits demandés sont accordés, l'entrepreneur ou le syndicat d'entrepreneurs qui obtiendra des travaux, gagnera l'argent à dépenser, en approfondissant consciencieusement les chenaux existants et en creusant de nouveaux non moins consciencieusement.

Les dirigeants de l'Entreprise auront cet avantage, celà n'a pas du leur échapper, de pouvoir dès les débuts s'installer à demeure au Tonkin.

Les travaux une fois terminés, livrés, les quarante millions en questions absorbées, l'entretien de ces travaux nécessitera plusieurs autres millions tous les ans, c'est-à-dire que, substituée aux T. P. dans ce travail qui rappelle celui des Danaïdes, l'Entreprise comme ses prédécesseurs devra accomplir normalement deux campagnes de draguage par an, mais comme on aura fait plus grand, même travaillant

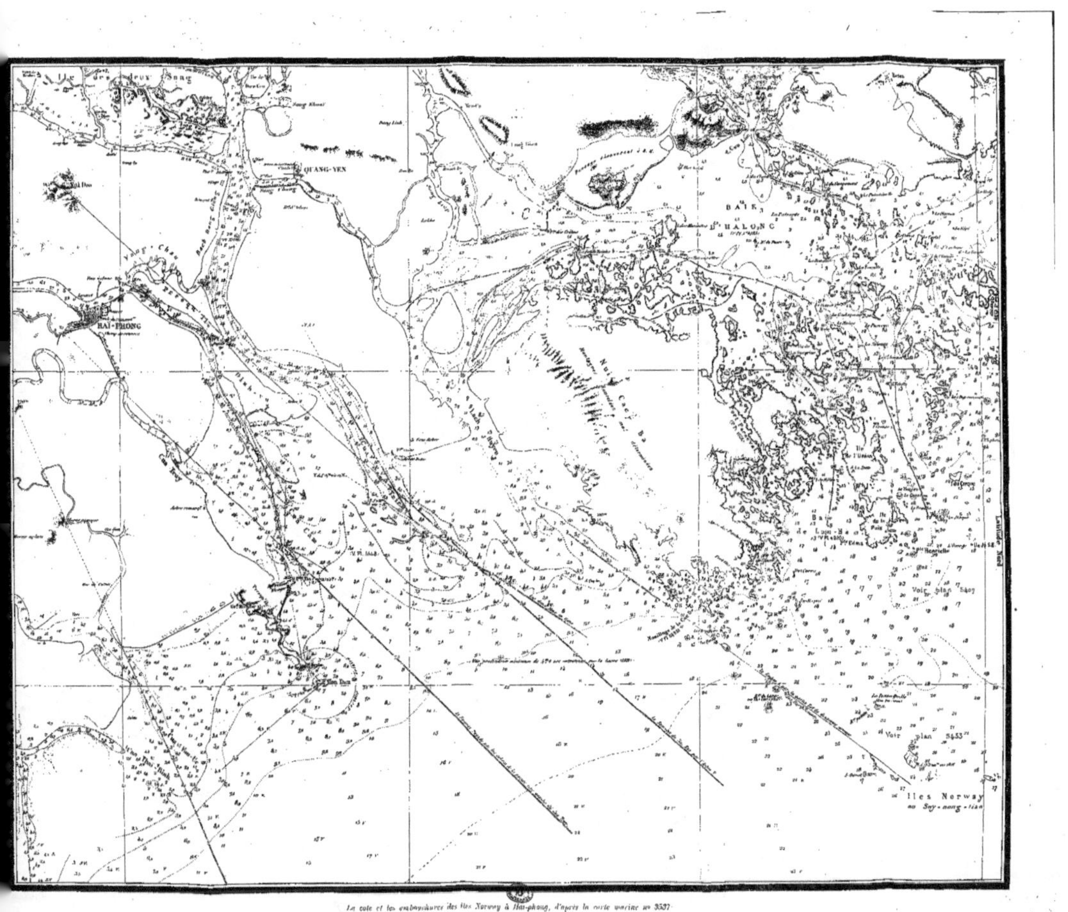

La côte et les embouchures des îles Norway à Hai-phong, d'après la carte marine n° 3337.

plus économiquement que les Travaux publics tout en faisant des
bénéfices, il y aura plus à dépenser pour la Colonie et la solution cher-
chée ne sera pas atteinte. Et cette solution est que, à toute heure de
marée, de jour ou de nuit, les grands vapeurs modernes calant dans les
dix mètres puissent trouver un port dans le Golfe du Tonkin pour y
effectuer rapidement et en toute sécurité leurs opérations dans lequel
ils entreront et sortiront rans risques et sans perte de temps, ce qui
est des plus faciles avec la Baie d'Along à proximité et sans grands
frais.

Et quelle somme d'imprévu présentent ces travaux hydrauli-
ques ! Les ingénieurs les plus qualifiés ne peuvent jamais en toute
honnêteté garantir d'avance que les résultats cherchés à grands renforts
de millions se produiront. Parfois c'est l'inverse qui arrive ; par
exemple, des milliers de mètres cubes de pierres sont engloutis
sur les rives d'un fleuve pour former des épis dans le but d'augmenter
la force du courant au milieu de ce fleuve, maintenant ainsi
le chenal à une profondeur suffisante, arrivent à ce résultatque,
en amont ou en aval des remous et des courants nouveaux
s'établissent qui forment de nouveaux bancs. C'est le cas pour Haiphong entre la coupure de Dinh Vu et le Vang Chau : les épis établis
ont creusé le chenal, mais à l'entrée de Vang Chan ce chenal est
considérablement diminué en largeur par la formation d'un banc des
plus gênants. Les courants retenus par ces épis se précipitent ou sor-
tent selon les heures de marées plus violemment qu'avant de ce Vung
Chau et frappent en plein travers les vapeurs passant à cet endroit
resserré du chenal.

Le coupure de Vinh Vu, présentent de grosses difficultés par elle-
même : elle n'a guère plus de 40 mètres de largeur au plafond et a
certaines heures à l'entrée comme à la sortie de très forts courants
traversiers se font sentir ; les grosses unités si difficiles à gouverner
avec peu d'eau sous la quille risquent de se coller en travers dans le
canal.

Et alors indépendamment du bateau immobilisé, si cet accident se
produisait, voilà Haiphong embouteillé ! Impossible de songer actuellement avec de gros vapeurs à prendre le tortueux Vung Chau ; le Cua
Cam lui, entre la mer et la coupure, est impraticable n'ayant plus
guère que 4 m. 50 d'eau à marée basse, se colmatant de plus en plus
par suite de l'approfondissement de la coupure par laquelle les courants se précipitent.

Les nouveaux projets laisseraient soigneusement, paraît-il, de côté la
question du port en eau profonde et auraient comme conception un

nouveau canal faisant suite à la coupure de Dinh-Vu coupant l'île situé entre la Cua-Nam-Triêu et le Lach Huyen, son débouché allant buter sur les massifs calcaires du S. O. de la Cac-Ba. Evidemment, il y a quelques chances de voir le courant emprunter cette nouvelle coupure, donc maintenir sa profondeur comme il l'a fait pour celle de Dinh-Vu, mais des chances aussi de voir d'autre bancs se former ailleurs sur la direction de la route à suivre, et la barre au large n'en existera pas moins toujours. Il y aura alors comme améliorations à rebours deux entrées et deux sorties de canaux, à chaque montée ou à chaque descente au lieu d'une, avec chacune des courants traversiers à subir par le vapeur ce qui augmentera les difficultés du pilotage. A l'entrée ou à la sortie de ces canaux, il faut prévoir des attentes pour les gros vapeurs qui ne peuvent s'y rencontrer et sont obligés de profiter pour monter ou descendre des mêmes heures de hautes mers, d'où obligation pour certains de mouiller en plein courant, etc.

Je suis sincèrement convaincu que la solution que je préconise, c'est-à-dire organisation de la rade en eau profonde indispensable à Haiphong presque sans frais dans les environs de la Baie d'Along est préférable à l'amélioration coûteuse sans cesse à reprendre des chenaux conduisant à Haiphong. Je crois avoir motivé mon opinion sur des bases sérieuses, mais peut être n'est-il pas dénué d'intérêt d'indiquer que j'ai une certaine expérience des affaires et du pays dont je parle.

Ayant navigué de 16 à 30 ans, passant de novice à commandant à la voile et à la vapeur, j'ai bourlingué durant cette période à travers le monde. Quittant la navigation professionnelle, je suis venu en Extrême-Orient ou depuis 1904 j'ai eu à opérer, commercialement parlant, de Singapore à Wladivostock et des Philippines au Thibet, en Chine plus particulièrement au Kwan-Tung, au Kwang-Si, au Yunnan et au Ze Tchuen. A partir de 1912, j'ai commencé à agir en Indochine, ce qui m'a fait principalement connaître le Tonkin, le Nord Annam et le Haut Laos.

Toutes ces régions de Chine et d'Indochine sont ressortissantes du Golfe du Tonkin, j'ai donc pu étudier la question faisant l'objet de cette note sous toutes ces faces, m'occupant la plupart du temps d'affaires d'armement en touchant à l'armement.

Nous avons même fait une expérience prouvant d'une façon absolue les avantages sur Haiphong, du port en eau profonde. Ayant un contrat de fourniture annuelle de 100.000 tonnes de pierres calcaires pour une cimenterie de Hongkong, durant les premières années nous allions charger dans le Cua Nam-trieu à proximité des massifs calcaires à la hauteur de Quang-yen, c'est-à-dire à un mouillage se trouvant exactement dans les mêmes conditions que le port de Haiphong au point de vue des barres chenaux, courants, distances et pertes de temps.

Indépendamment de vapeurs affrêtés, nous avions un vapeur de 2.500 tonnes le *Chingchow* qui était affecté exclusivement à ce service. Il calait 25 pieds à pleine charge ; allant à Quang-yên, ce vapeur faisait difficilement deux voyages par mois les pertes de temps causées, par les marées, etc... Ayant pu accomplir les formalités et nous organiser matériellement pour aller prendre charge en Baie d'Along à l'entrée du Port Parseval à environ un mille de la rade du Crapaud, nous avons atteint le but cherché car de ce jour notre vapeur *Chingchow* n'a jamais fait moins de trois voyages par mois de la Baie d'Along à Hongkong, les questions de marées, de barres. de jour ou de nuit n'intervenant plus pour les heures d'arrivée ou de départ.

L'intérêt de l'escale rapide en rade de Haiphong est encore plus fort pour les unités importantes, coutant si cher par jour de stationnement et dont le tirant d'eau n'aura pour limite que la profondeur des canaux de Panama et de Suez.

L'équilibre mondial reprenant, le trafic du Golfe du Tonkin décuplera dès qu'un port y sera établi, l'arrière pays si important qui en dépend devant s'organiser sans retard. Il ne faut pas perdre de vue que presque la moitié du trafic total de Haiphong dès maintenant est fourni par le transit du Yunnan et cependant il y a dix ans à peine que le rail français y pénètre. Nos métallurgistes ont des milliers de tonnes de rail à placer, la Chine privée de route a besoin de voies ferrées pour permettre à son immense population de sortir de la misère. La plupart des chemins de fer du Sud Chinois ont intérêt à converger vers le Golfe du Tonkin et Haiphong vu sa position et des défauts auxquels il est impossible de remédier ne peut suffire pour cet avenir : avenir prochain si nous savons vouloir avec un peu d'énergie et avoir une politique économique, ferroviaire et douanière suivie. Il faut donc que Haiphong tout d'abord ait une rade organisée sans grands frais ; puis l'expérience étant probante, au bout d'un temps peut être peu éloigné, il sera possible d'établir le port conjugué de Haiphong avec les installations voulues reliées par le chemin de fer aux réseaux existants. Cela sera d'une aide puissante et indispensable à l'organisation du marché de Haiphong qui est actuellement par trop inférieure à celle de marchés comme Hankeou, Shanghaï et Hong-kong.

Pour équiper un port, le point indiqué plus haut, dans la partie N. E. de l'île de la Cac Ba dans le Sud de la Baie d'Along paraît être le point à choisir, à mon avis.

Le débat est ouvert : que les avis contraires à l'opinion motivée que je viens d'exprimer s'énoncent et développent leurs arguments comme j'ai développé les miens, Une fois la critique faite, une résolution devra être prise, car rester dans le « statu quo » au sujet du port du Tonkin c'est faillir an devoir français en Extrême-Orient.

9 782329 068374